AF247178

SUR

L'ÉMIGRATION.

NOTA.

Si les vues contenues dans ce petit écrit pouvaient être agréés du Gouvernement, on se hazarderait d'en mettre au jour deux ou trois autres qui auraient le double avantage de soulager les peuples et de donner, sans emprunt, une très-grande latitude au trésor public: cela pourrait consoler ce pauvre M..de Widam, qui ne veut plus se rendre au Parlement d'Angleterre, qu'en crépe et en pleureuses, depuis qu'on s'occupe à procurer la paix à sa patrie et à l'humanité. M de Widam serait alors convaincu que la France n'en est pas à ses dernières ressources, et qu'elle peut encore aisément faire la guerre. Elle a fait ses preuves, et ne s'en tire pas mal.

SUR

L'ÉMIGRATION.

On ne connaît, avant le règne de Louis XIV, aucune loi sur l'émigration. Vatel, dans son *Traité du Droit des Gens*, prouve parfaitement bien que tout citoyen est libre de s'établir où il lui plaît, et l'Assemblée nationale a tellement reconnu ce principe naturel, qu'elle l'a confirmé très - expressément dans la *Déclaration des Droits de l'Homme*. Ainsi tout citoyen avait le droit d'aller dans le royaume, d'en sortir, d'y rentrer, et de s'établir où, et quand il le jugeait à propos.

Dans les premiers momens de la révolution, des personnes suspectes, ou notées comme ayant des vues contraires à la Constitution, furent attaquées dans leurs châteaux, poursuivies, et même massacrées; ce qui en détermina plusieurs à mettre leur vie en sûreté en pays étranger; ils en avaient certainement le droit incontestable, et il serait de toute injustice de prétendre leur en faire un crime.

A

Cependant, à l'instigation des conseils des Princes français (1), qui s'étaient retirés à Coblentz, l'émigration devint à un tel point effrayante, que le Roi, de concert avec l'Assemblée nationale, rendit, le 6 août 1791, une déclaration qui rappela tous les Français, et leur donna ordre de rentrer dans le royaume sous un délai fixé, à peine de désobéissance. L'article VIII excepte, comme de raison, les personnes auxquelles Sa Majesté avait donné des commissions ou permissions pour résider en pays étranger.

Cette déclaration était une loi remplie de sagesse. En effet, l'émigration de 180,000 ames devait opérer nécessairement une extraction de numéraire alarmante, et telle que, si les Conseils des Princes, au lieu de mander à la Noblesse que son absence de France ne durerait que trois à quatre mois, et que par conséquent elle n'avait besoin de se précautionner que de peu d'argent, lui eussent conseillé au contraire d'en emporter le plus possible, la révolution ne pouvait durer plus d'un an : 100,000 personnes pouvaient bien, l'une dans l'autre, faire sortir chacune 1000 louis; et les assignats, dès 1791, seraient tombés à zéro, comme ils y sont venus en 1797.

---

(1) Voyez la note, page 24.

Les Jacobins sentirent bien la conséquence d'une émigration d'hommes et d'argent aussi considérable ; aussi, dès les mois de février et mars 1792, rendirent-ils, contre les émigrés, des lois extrêmement dures ; en ordonnant le séquestre de leurs biens, pour, le revenu servir à indemniser des frais de la guerre qui se déclarait.

Mais aucune de ces lois n'a cassé l'article VIII de la Déclaration du mois d'août 1791, (qu'une clause expresse seule pouvait révoquer) qui excepte tous ceux qui sont sortis avec passeports du Roi, parce qu'ils ne peuvent être réputés émigrés.

A peine la Convention est-elle arrivée, et a-t-elle érigé la France en République, qu'elle rend la loi la plus atroce, la plus sanguinaire, et à laquelle les plus grands scélérats, depuis l'existence du monde, s'ils avaient pu s'ériger en tribunal, se seraient refusés. Cette loi de cannibales condamne à la mort civile, et à la confiscation de biens, tout Français qui, sous un mois, ne rentrerait pas en France ; et, dans ce temps-là, tous ceux qui rentraient étaient incarcérés et égorgés peu de jours après. On ne peut citer une seule des personnes retirées à Bruxelles, assez imprudentes pour se rendre à l'invitation de la Convention, qui ait pu se soustraire à la mort. N'est-ce pas là l'époque du régime révolutionnaire ?

Le gouvernement sous lequel, depuis le 18 brumaire, la France respire, trouve lui-même ce régime inhumain, abominable, atroce : il ne peut cependant, sans y rentrer, et sans commettre la plus cruelle injustice, prononcer la confiscation en masse des biens de tous ceux qui se sont absentés du Royaume, coupables ou non ; mais quand on fait attention à la sagesse de l'Arrêté des Consuls, du 28 vendémiaire an 9, on est très-persuadé qu'ils font et feront, au contraire, une grande distinction parmi les absens. Il est réellement de toute impossibilité que l'on puisse regarder comme coupable un homme qui est sorti de France avec la permission de son Roi ; parce que l'émigration n'est réputée crime qu'autant qu'elle est faite sans le consentement du Souverain. Cependant celui-là même sorti avec la permission de son Souverain, et qui en aurait abusé, soit en portant les armes contre sa patrie, soit en provoquant la guerre, soit comme employé par les Princes français, est aussi coupable. Il faut encore distinguer ceux qui, par peur, n'ont pas obéi à la Déclaration du mois d'août 1791, mais sont pourtant restés tranquilles, et les femmes qui, avec leurs enfans en bas-âge, ont été forcées d'obéir à la voix impérieuse de leurs maris. On peut bien leur imputer une faute; mais elle n'est pas assez grave pour qu'elles aient encouru la confiscation de tous leurs biens.

Les véritables coupables sont ceux qui ont porté les armes. Le titre II de l'Arrêté des Consuls prouve que le Gouvernement est bien convaincu de cette vérité; puisque l'article IV prononce la nullité des radiations faites en leur faveur; de manière que, si un particulier avait obtenu sa radiation, et qu'il fût démontré par la suite qu'il a porté les armes, sa radiation serait nulle : pourquoi ? c'est que Coriolan n'est point coupable de quitter Rome, mais qu'il le devient en conduisant les Volsques devant ses murs.

L'injustice de la confiscation générale et en masse a tellement frappé tous les esprits, qu'elle a infiniment influé dans la vente des Domaines nationaux, qui ont été aliénés au plus vil prix possible; et en voici les raisons : il n'est pas un acquéreur qui, en achetant un domaine, ne se soit dit : Il est impossible que mon contrat d'acquêt puisse un jour ne pas être attaqué, soit parce que le bien que j'achète peut appartenir à un innocent qui, pour sauver ses jours, a pris le parti de la fuite, peut-être même avec le consentement du Roi, soit parce que ce bien peut encore être un conquêt de communauté, et ainsi appartenir, par moitié, à une femme qui n'a pas émigré ; soit enfin parce qu'il peut appartenir à un mineur dont le tuteur n'ose pas faire de réclamation dans la crainte d'être égorgé : aussi, toutes les ventes faites par le Domaine ont été à un prix si vil, que des maisons de 300,000 liv. n'ont pas coûté aux acquéreurs 10,000 livres en argent.

Si toutes ces aliénations s'étaient faites seulement au denier vingt, les ressources que le Gouvernement en aurait retirées auraient été immenses et telles, qu'elles auraient pu payer les dettes de l'E-tat : c'eût été au moins une consolation pour ces malheureux auxquels on arrachait les propriétés.

Cette opération, toute machiavéliste qu'elle fût, aurait pu procurer un bien général et être excusée, sous un prétexte de politique ; car enfin, les biens seuls des ecclésiastiques qui pouvaient rapporter 130 millions de rente, sans compter leurs maisons et leur mobilier, et suffisaient pour amortir 3 milliards de dettes. C'était une mesure moins banqueroutière que la suppression des assignats, des mandats, des cédules, etc. etc. On peut encore ajouter, aux biens ecclésiastiques, ceux des Français qui, par leur conduite en pays étranger, se sont rendus réellement coupables envers leur patrie.

Il est bien vrai que, quand le domaine a vendu à un si vil prix toutes les propriétés des ecclésiastiques et des émigrés, il était persuadé que, d'après les décrets de l'Assemblée Nationale qui les avaient déclarés domaines nationaux, le Gouvernement pourrait, en conséquence des lois existantes en France depuis quatorze siècles, y rentrer quand bon lui semblerait ; parce que ces ventes n'ont jamais pu être, et ne seront jamais regardées comme des actes translatifs de propriétés incommutables. Il convient de rappeler ici ce qui s'est toujours passé en France, à ce sujet, depuis l'existence de la Monarchie.

Quand les Francs se donnèrent un Roi, il était juste de lui accorder des revenus capables de soutenir la splendeur et l'éclat de son trône, les frais de son gouvernement, et sur-tout ceux de la guerre. Ils assujettirent leurs personnes à un service militaire ; de plus, ils lui accordèrent de vastes domaines, des forêts immenses, des droits de souveraineté sur l'universalité du Royaume ; (et, depuis, les droits féodaux sur les terres relevant des Seigneuries) les marques du plus grand respect, le titre même de Majesté, pour l'approcher, s'il était possible, de la divinité, et par-là, lui procurer la plus grande vénération des peuples. Mais, après l'avoir investi de richesses et d'hon-

neurs incalculables, ils lui ont dit : Ne nous de-
mandez plus rien, car alors nous ne pourrions
plus vous regarder comme la Providence qui
donne toujours et jamais ne reçoit. Voilà aussi
pourquoi nos Rois n'ont jamais pu établir légale-
ment d'impôts sans le consentement de la Nation.

Le Domaine Royal n'était donc proprement
que Domaine National ; il était inaliénable et
imprescriptible ; les Rois n'en étaient que les administrateurs et les usufruitiers ; ils ne pouvaient
les aliéner qu'à vie ou avec la faculté de réméré,
et jamais à perpétuité ; encore ces adjudications
ne pouvaient-elles se faire qu'en suivant littéra-
lement les Lois et Ordonnances du Royaume.
Quand, par des raisons d'urgence, les Rois étaient
forcés d'en aliéner une partie, eux et leurs succes-
seurs exerçaient, au nom de la Nation, le droit
immémorial d'y rentrer, en remboursant le prix
porté par le contrat ; de sorte que, si l'engagiste
vendait son domaine pour une somme plus forte
que celle qu'il l'avait acheté, l'acquéreur courait
risque, comme de raison, de n'être remboursé
par le Roi que de celle portée au contrat primitif.
Il y a plus, c'est que si l'engagiste avait fait dans
son domaine quelques changemens, sans y être
autorisé par le Gouvernement, il était forcé de

remettre les choses dans l'état où elles étaient lors de son acquisition.

Les apanages que nos Rois donnaient à leurs enfans, étaient même sujets, en cas de défaut d'hoirs mâles, à réversion à la couronne.

Un bien quelconque, une fois frappé de domanialité, ne pouvait en être dégagé que par la voie de l'échange.

Les États-Généraux assemblés en 1789, ayant jugé à propos d'attacher plus particulièrement les Ministres des Autels aux objets spirituels de leur état, arrêtèrent qu'à l'avenir la Nation ou le Roi administreraient eux-mêmes les biens ecclésiastiques, en salariant d'une manière convenable tous les préposés au culte catholique, et les déclarèrent en même temps biens nationaux. Toutes les propriétés ecclésiastiques ont donc pris, dès ce moment, le caractère ineffaçable de Domaine national, c'est-à-dire inaliénable et imprescriptible. Cette mesure cependant n'aurait jamais pu être approuvée, si elle n'avait été envisagée comme une ressource infiniment avantageuse à la France.

L'Assemblée constituante ne s'imaginait pas, dans ce moment, que cette opération deviendrait, par la suite, la proie de tous les brigands et des scélérats protégés sous le regne de Robespierre et du Directoire, sans aucun bénéfice pour l'état; mais aussi quand la justice et la sagesse seront l'ame des décrets du Gouvernement, la nation aura-t-elle toujours le droit immémorial de rentrer dans toutes ces aliénations, les regardant comme des prêts d'argent, et non comme des actes translatifs de propriété incommutable : et si ces aliénations ont passé en diverses mains, le gouvernement, pour faire une chose juste d'une manière juste, ne remboursera que les sommes portées dans les contrats primitifs. il ne fera, en cela, que suivre l'ancien usage consacré encore dans toutes les suppressions d'offices, de charges de magistrature, de finances, militaires etc., etc. dont on ne remboursait que le prix porté par l'Èdit de création.

Il est impossible de pouvoir supposer, que de simples mandataires aient eu plus de droit d'aliéner les domaines de la nation que les soixante-six rois qui ont régné sur la France ; mais, dira-t-on, si la nation voulait aliéner ses domaines, n'en aurait-elle pas le droit ? Oui, en supposant qu'elle ait celui d'aliéner les biens des générations futures, encore faudrait-il qu'elle fût légitimement assemblée ; c'est-à-dire que les assemblées bailliagères en donnassent l'autorisation à leurs mandataires, *ad hoc.*

Il est à présumer que les acquéreurs des biens nationaux ont senti eux mêmes la force de cette grande et incontestable vérité, et que c'est ce qui leur a fait donner un prix si vil de leur acquisition ; le revenu d'une année les payait, et bien au-delà, de leurs avances.

Ce qui vient d'être dit à l'égard des aliénations des biens ecclésiastiques peut s'appliquer aux ventes des biens des Français qui sont sortis du royaume avec des vues criminelles contre leur patrie ; soit en provoquant la guerre dans les cabinets des différentes Cours, soit en portant les armes contre elle, soit en prenant part aux rassemblemens qui se sont faits à Coblentz ou ailleurs, soit en conduisant les Prussiens dans les plaines de Champagne ; puisque enfin les quatre législatures ont cru devoir, avec justice, réunir au domaine national les propriétés de ces Français coupables ; mais cette loi peut-elle être appliquée (1) à ceux sortis pour sauver leurs jours, sous l'autorisation de leur souverain,

---

(1) On trouve, au dépôt des affaires étrangères, la liste de ceux qui sont sortis munis d'un passeport du Roi. Il n'y en a pas deux cents, et encore sur ces deux cents, il y en a qui ont abusé de la permission, et sont dans l'exception de l'Arrêté des Consuls du 9 brumaire.

et qui auraient été infailliblement massacrés sous le règne de Robespierre ? Non certainement ; les aliénations de leurs biens , sont infiniment injustes et portent avec elles le sceau de la réprobation ; une nation qui favoriserait de pareilles ventes , deviendrait l'excrément de la nature. Il est d'autres aliénations qui le sont encore bien d'avantage ; on a vendu des propriétés d'enfans en bas âge , sous le motif que leurs pères étaient émigrés. Par exemple , une terre acquise en communauté , 1,400,000 livres , par le père d'un enfant , et sa mère , morte avant la révolution , rapportant 50,000 livres de rente, a été vendue, sous le règne de Robespierre, 800,000 livres en assignats : cet enfant revendique ses droits , si son père est coupable , ne lui rendez pas ces biens ; mais qu'a-t-il fait , lui , pour être privé des siens ? Sa mère est morte en France et n'en était jamais sortie, non plus que lui.

Le Directoire exécutif a eu l'air de vouloir rendre justice sur cet objet, et voici comment il s'y est pris. La grande nation , a-t-il dit, n'a touché que 800,000 livres en assignats, qui, perdant alors 75 pour 100 , se réduisent à 200,000 livres en argent ; il ne revient donc à l'enfant , pour sa part, que 100,000 livres liquidées de la manière suivante. On a fait l'honneur à cet enfant de l'inscrire sur le grand livre, pour le tiers consolidé ; c'est-à-dire qu'il a 1600 livres de rente, dont, s'il voulait en vendre le capital, il n'auroit pas 20,000 livres. Ainsi cet infortuné, qui devait avoir, pour sa moitié, 700,000 livres, avec la justice du Directoire, est réduit à l'aumône.

Est-il dans l'univers un gouvernement assez arbitraire, assez despotique, assez tyrannique, pour oser accueillir une pareille injustice? Et c'est dans une république, chez un peuple libre qu'on adopte une pareille manière de réparer ses torts !

Mais si le père n'était pas coupable, qu'il fût prouvé qu'il n'est sorti de France que dans l'unique vue de sauver ses jours, avec l'approbation de son Roi, et qu'il aurait été infailliblement massacré s'il eût eu l'imprudence de rentrer sous le régne de Robespierre, ou déporté à la Guyane, par forme de douceur, sous celui du Directoire ; un Gouvernement, qui montre aujourd'hui le désir d'être juste et paternel, ne doit-il pas trouver un moyen quelconque pour rendre à cette famille malheureuse ses droits et ses propriétés? Cela serait impossible, s'écrie cette nuée d'acquéreurs qui ne vivent que de la spoliation des particuliers et de la nation : eh! comment, disent-ils, pourra-t-on nous rembourser, sans exposer le Trésor National ? Tranquillisez-vous, honnêtes amateurs du bien public, vous serez tous remboursés, et le trésor y gagnera beaucoup ; le Gouvernement emploiera à cet effet un moyen juste : écoutez-le.

Il est impossible que vous puissiez trouver mauvais que l'on vous rembourse de la même manière que vous avez acquis ; par exemple, si vous avez acheté un domaine national 100,000 livres en assignats qui perdaient 5o pour 100, est-ce une injustice de vous rendre 5o,000 livres en écus, en vous laissant intactes vos jouissances, quand le Gouvernement se trouve, sans cela, dans la nécessité de faire banqueroute aux prêteurs de la nation des deux tiers de ses obligations ?

Il a été démontré plus haut que le domaine de France, ou le domaine national, depuis la création de la monarchie, n'avoit jamais pu être aliéné qu'avec la faculté perpétuelle de rachat, ou en payant à chaque mutation de règne, un droit de confirmation : ainsi quand le Gouvernement, en suivant ces lois immuables, aura ordonné que les acquéreurs de biens nationaux payeront un droit d'amortissement fixé au cinquième de la valeur actuelle de l'immeuble , ou le remboursement du prix de l'acquisition , en cas de non paiement du droit de confirmation (1); on demande à ces vertueux citoyens, si , depuis douze ans, il aura été fait une opération plus juste et plus légale , et si elle n'est pas plus honnête que toutes les banqueroutes en tout genre qui ont été faites à la nation?

Les biens ecclésiastiques , sans le mobilier valaient certainement 130 millions de rente ; ceux des émigrés , compris les bois en valent bien autant , ce qui fait 260 millions de rente ; la nation n'a certainement pas tiré un milliard de ces aliénations.

Examinons maintenant ce que produirait cette opération , conduite et dirigée par des administrateurs qui joindraient l'instruction à la probité,

____

(1) Les engagistes ne pourront s'esquicher du droit de confirmation , parce que les rôles des impositions doivent faire connaître la valeur réelle de l'immeuble : par exemple , un bien qui paie 1000 liv. d'impôt foncier , doit être de 4000 liv. de revenu , si l'impôt foncier est au quart ; sa valeur connue est donc de 80,000 liv. , et le cinquième pour droit de confirmation , sera de 16,000 liv. pour la nation.

et ce qu'il pourrait en coûter pour rendre aux Français justement rayés, et aux enfans en bas âge, leurs propriétés vendues.

D'abord, les ventes des biens ecclésiastiques, si le pape en approuve les aliénations, deviennent toutes valides, (1) légales; le Gouvernement n'a

***

(1) Un acquéreur de biens ecclésiastiques qui a donné en échange à la république, une rente sur l'Hôtel de Ville, ou la finance d'une charge quelconque, a donné une valeur égale; dans ce cas, son contrat ne peut être taxé de lésion.

Cet acquéreur ne peut être mis sur la même ligne que ces agioteurs qui, sous prétexte que les assignats étaient en 1795 la monnaie de l'état, achetaient, avec six francs, cent livres d'assignats; de sorte qu'ils croyaient se faire une propriété incontestable de valeur de cent mille livres, qui était le patrimoine d'un malheureux taxé d'émigration, et qui n'était qu'absent de son pays, ou dans les prisons. Ces espèces-là qui crient aujourd'hui à la violation de la *loi sacrée de la propriété*, pensent-ils se plaindre d'un Gouvernement qui leur rend leurs déboursés ? Dès que les quatre législatures ont déclaré les biens ecclésiastiques et ceux des émigrés *domaines nationaux*, ils ont été frappés de domanialité; les derniers peuvent cependant devenir patrimoniaux, si les propriétaires ont été depuis rayés comme non émigrés. La confiscation par elle-même est quelque chose d'odieux; et voilà pourquoi les Rois n'en ont

rien

rien à rendre, et au contraire, beaucoup à gagner, en taxant ces aliénations à un droit de confirmation, ou en faisant une revente.

Les bois (1) forment un objet d'à peu près 25 millions de rente; mais grande partie est de l'ancien domaine de France, et les plus grandes pos-

jamais vendu ; mais en ont fait des dons, quand ils ont jugé à propos de ne pas les réunir préalablement au domaine.

(1) L'opération, sur les bois, du 24 thermidor an 9, ne porte certainement pas avec elle le cachet ou le sceau de toutes celles que le premier Consul a faites depuis son avènement; puisque avant cette époque, on ne pourrait en citer une qui puisse être critiquée. Elle ne peut lui avoir été insinuée que par un homme peu instruit, et même peu délicat, si toutefois son intention a été d'enlever la propriété à des malheureux dont la radiation suppose l'innocence ; car ce serait, au contraire, une précaution sage et prudente, s'il n'a eu que celle de restreindre, par la suite, les ventes des bois dans les bornes prescrites par les anciennes ordonnances. D'ailleurs, l'arrêté par lui-même implique contradiction ; comment se pourrait-il que, sur deux citoyens accusés, jugés, et déchargés du même fait, l'un, parce qu'il aurait été rayé le 23 thermidor, eût la main levée du séquestre de ses bois, et que l'autre, parce que sa radiation serait du lendemain, essuyât la confiscation des siens ? cela serait par trop absurde.

B

sessions du surplus appartenaient aux ecclésiastiques. La dépense que le Gouvernement serait
dans le cas de faire, pour rendre les leurs aux
Français non coupables, de même qu'aux enfans
en bas âge, se trouverait compensée par le droit
de confirmation sur tous les autres bois au-dessous
de 3oo arpens, ou la revente de ces bois : ainsi,
il n'y a encore jusqu'ici qu'à gagner.

Les femmes sorties de France, sans permission,
et qui étaient alors en puissance de maris, ne sont
pas tout à fait exemptes de reproches ; parce que
le Roi avoit ordonné trop impérieusement, par
sa Déclaration du mois d'août 1791, la rentrée
des Français dans le royaume, et qu'elles ont
désobéi à leur souverain ; mais elles ne sont pas
aussi coupables que ceux qui ont porté les armes :
ainsi le Gouvernement pourrait leur permettre de
rentrer dans leurs propriétés, en remboursant de
leurs deniers aux engagistes les prix portés aux
contrats primitifs.

Le gouvernement n'a donc de dépense à faire,
que de rendre aux Français non coupables, et
aux enfans en bas âge, leurs propriétés, en remboursant seulement les sommes données par les
acquéreurs.

Quant aux émigrés que l'Arrêté des Consuls,

du 9 brumaire regarde coupables, c'est au gouvernement à peser, dans sa sagesse, s'ils ont encouru la confiscation de leurs biens, et si la radiation que plusieurs d'entr'eux ont pu obtenir les
met dans le cas de rentrer dans ceux invendus,
ou si elle est seulement une grace que le Gouvernement veut bien leur accorder, pour lever la peine
de mort, prononcée contr'eux, afin qu'ils puissent
finir avec sûreté leurs jours dans leur patrie.

Administrateurs du domaine national, puisque, par votre état, vous en êtes les conserva-
teurs, c'est votre suffrage qu'on invoque. Si, dans
cet écrit, vous ne trouvez aucune contradiction
avec les principes de Chopin, de Baquet, et autres
jurisconsultes, le devoir impérieux de vos places
vous force de mettre sans cesse sous les yeux de vos
supérieurs les lois immuables de la France sur
cette partie : car enfin, si le Gouvernement, dans
sa sagesse, juge à propos de priver de leurs propriétés des Français coupables d'une émigration
criminelle, encore au moins est-il plus convenable que la nation en retire un espèce de profit,
plutôt que ces acquéreurs dont le plaisir est de
s'engraisser et de s'abreuver des larmes de ces fa-
milles infortunées. Eh ! de quoi ces gens-là pour-
ront-ils se plaindre, si le Gouvernement ne touche

point à leurs jouissances, et leur rembourse le prix de leurs contrats primitifs ?

Vous, dont les fonctions éminentes, dans le conseil, consistent à environner de vos lumières le chef suprême de l'État, on invoque la justesse de votre esprit et la sensibilité de votre cœur. Pouvez - vous citer une des lois de Robespierre et du Directoire, qui porte plus l'empreinte de la justice que celle qu'on vous propose ? Ah ! ne trouvez pas mauvais si on se hasarde de vous les rappeler. Tout le mal étoit fait avant votre arrivée ; et c'en était fait de la France, sans la journée du 18 brumaire.

Est-il possible que la Nation rejette une revente légale de son domaine, quand on l'a déshonorée par des banqueroutes de tout genre et de toutes couleurs ? Quand on l'a asservie à des emprunts forcés et à l'extension de tous ses impôts qui sont tels, que ses propriétés ont perdu leur valeur ? à Paris, une maison de 300,000 liv. ne peut se vendre que 100,000 liv. ; l'impôt foncier, seul, emporte le tiers du revenu.

Excepté les fortunes colossales de ces agioteurs, ces vermines de l'Etat, celles des citoyens honnêtes sont diminuées de plus des deux tiers. Un bon Français est bien loin de trouver à redire à celles de ces braves militaires qui, pendant sept à huit ans, n'ont été occupés qu'à couvrir de leurs lauriers les crimes de la France, et qui, pendant ce temps, ont su lutter avec l'Europe coalisée contre la République, en faisant une guerre plus remplie de hauts faits d'armes et plus resplendissante de victoires, que sous aucun règne de nos Rois.

Si la revente du domaine se faisait d'une manière juste, le résultat net pourrait être une ressource de plus d'un milliard : le Gouvernement se trouverait dans la position de rembourser des dettes jugulantes, dont les intérêts coûtent certainement à l'Etat plus de 60 millions. Alors il aurait la satisfaction d'alléger l'impôt foncier de plus de 25 millions; et, en faisant jouir ainsi ce malheureux peuple du bienfait de la paix, il donnerait une nouvelle vie aux propriétés : le trésor public en recueillerait les avantages par les droits d'enregistrement dus à chaque mutation. Quant aux autres 25 millions, le Gouvernement en ferait l'application au tiers consolidé ; il ne pourrait jamais mieux rehausser son crédit ; il frapperait en même temps d'une honte ineffaçable cette banqueroute directoriale, et livrerait à l'exécration ces prétendus gouvernans. Ils avaient toujours à la bouche l'intérêt de la Nation, et ils n'étoient sans cesse occupés qu'à la ruiner et la déshonorer.

Une Nation quelconque peut-elle jamais être heureuse et riche, quand tous les individus qui la composent sont à la mendicité? Dans quelle affreuse misère n'ont-ils pas jeté ces malheureux domestiques, ouvriers, petits marchands, et tant d'autres, qui, par leur labeur et leur économie, pendant 20 à 30 ans, avaient cru s'assurer 5 à 600 liv. de rente viagère, et que cette infernale besogne du tiers consolidé a réduit à 50 écus ou 200 fr. mal payés, et cela, dans un moment où tout travail était interrompu par l'extinction totale du commerce, des manufactures, et de l'industrie?

Et vous, que l'étoile de la France et vos vertus ont conduit au lieu et place *d'une monarchie qui n'existait plus*; votre sage politique vous a bien fait trouver l'art de rendre à leur patrie des Français qui, trop éloignés de la cour pour pouvoir la connaitre, n'avaient commis d'autre crime que de s'être laissés égarer par quelques plats intrigans de Versailles; ils se paraient vis-à-vis d'eux *d'un faux zèle* ou *d'un zèle mal entendu* : la bonté de votre ame vous inspirera, sans doute maintenant, un moyen quelconque qui, en ne vous écartant pas de l'Arrêté des Consuls, du 9 brumaire, pourra les arracher à la misère où la perte de leurs biens les condamne.

Eh! Bonaparte, que pourriez-vous craindre de cette mesure? Est-ce de l'extérieur? Un seul de vos regards ferait trembler les ennemis de la France : l'Europe est éblouie de votre gloire, et l'univers retentit de votre nom. Après avoir mis successivement sept à huit puissances hors de combat, et déjoué les autres, vous venez de couronner vos succès par la paix la plus honorable: vous venez d'ajouter à notre territoire les plus belles provinces, et vous avez su amener l'Angleterre à baisser pavillon devant vous.

Est-ce de l'intérieur? Tant que votre main de justice ne signera pas le moindre acte qui ne soit de votre puissance légitime, les Français, sans exception, vous chériront tous, vous béniront tous: vous commanderez en paix sur des peuples florissans, libres, et soumis : leurs bouches seront autant de hérauts de votre félicité et de la nôtre; et votre cœur, le centre où se réuniront nos espérances, nos respects, et nos vénérations.

NOTE.

M. DE Calonne, après avoir dilapidé les finances pendant plus de trois ans , eut la gaucherie de se brouiller avec les chefs du Parlement de Paris. Ne pouvant plus , en aucune manière, négocier avec eux, il se trouva réduit à convoquer les Notables, sans réfléchir que ces assemblées avaient toujours été les précurseurs des Etats-Généraux.

On remettait aux Notables des états très-exacts des profusions de cet ex-ministre , dont le seul mérite était l'art de l'intrigue , et de capter la bienveillance des Princes et des Grands, en mettant le Trésor royal à leur disposition. Il était journellement occupé à tromper les Notables, sur le montant du déficit et la somme des emprunts; mais, comme ils étaient parfaitement instruits par deux ou trois personnes habiles en finance , il se trouvait toujours démasqué. L'aigreur devint telle , que les Notables ne voulaient plus traiter avec lui.

Il tenta , dans la semaine sainte de 1787 , de faire renvoyer le Garde des Sceaux, Miromesnil, et se proposa au Roi pour le remplacer, si Sa Majesté ne le croyait pas nécessaire aux Finances, et, dans ce cas, M. de Fourqueux pour lui succéder ; mais que si, au contraire, Sa Majesté voulait absolument le conserver au Contrôle général , il fallait donner les sceaux à M. de Lamoignon : comme le seul être capable de le rendre maître des Parlemens.

Le Roi en parla à la Reine le jeudi saint : cette Princesse avait eu , des Notables , les notions les plus exactes sur les folies , les dilapidations , et les mensonges grossiers de ce Ministre , qu'elle lui remit ; ce qui détermina Sa Majesté à le renvoyer.

C'est là l'époque de toutes les diffamations qui ont été répandues à la cour et à la ville contre cette malheureuse Princesse , par les gens qu'elle avait le plus comblés de bontés. Presque tous les Grands du Royaume se tournèrent contr'elle ; furieux de ce qu'elle avait coopéré au renvoi d'un Contrôleur général qui , pour se soutenir en place , leur avait livré le trésor royal.

En voici la situation , à son renvoi ; et si on consulte M. Necker, M. de Fleury, M. d'Ormesson , et les premiers commis des finances , aucun ne pourra la démentir.

La recette de 1781 a surpassé, de plus de 4 millions, celle présentée par M. Necker dans son compte rendu. Il existait bien un arriéré de dette de 300 et tant de millions, provenant de la guerre d'Amérique , mais couvert par le 3me vingtième, et les 2 sous pour liv. établis par M. de Fleury. Enfin, quand M. de Calonne a été nommé, le jour des Morts 1783, il n'y avait qu'un déficit momentané de tout au plus 60 à 80 millions.

Les dettes , depuis l'avènement de Louis XVI à la couronne , se sont montées à près de 1800 millions, dont 570 peuvent être allouées au compte de M. Necker (et on était en guerre), 300 à peu près, pour le reliquat des dépenses de cette guerre, à celui de M. de Fleury ; le reste est entièrement du fait de M. de Calonne (et on était en paix). Il avoue lui même, dans sa requête présentée au Roi, après son renvoi, que ses emprunts montent à 659 millions : on peut bien, hardiment, dire qu'il en avoit omis 200. Il n'a pas augmenté la recette d'un sou, et les dépenses des départemens étaient toutes augmentées ! Qui, d'après cela, est le vrai père du déficit ?

Trois semaines après son renvoi, on présenta au Parlement, ainsi qu'à l'Archevêque de Toulouse, plusieurs plaintes extrêmement graves contre ses malversations. Le Parlement ordonna à son Procureur général d'informer ; les suites devaient en être extrêmement dangereuses pour cet ex-ministre, et pour plusieurs personnes de la Cour qui avaient participé au pillage du trésor. Le Garde des sceaux qui avait été nommé sur l'indication de M. de Calonne, et dont les vues d'ailleurs, étaient de se faire un appui des amis sans nombre qu'il avait laissés à la Cour, engagea le Roi à dépouiller le Parlement de cette affaire, et à l'évoquer à son Conseil ; sous le motif qu'il serait dangereux, pour l'autorité, de mettre au grand jour cette administration qui en effet était monstrueuse.

L'Archevêque de Toulouse, qui voulait laisser aller le cours des lois, représenta à Sa Majesté qu'il fallait au moins, pour appaiser le Parlement, avoir l'air de punir ce Ministre ; qu'il fallait l'exiler, et lui retirer la décoration du cordon bleu.

M. de Calonne ne pouvait point être Chevalier de l'Ordre, puisque son grand-père était marchand de vins à Tournay, et bourgeois. Il est vrai qu'il avait acquis, sur la fin de sa vie, une petite charge à la Chancellerie de cette ville ; mais elle ne donnait que la noblesse personnelle.

Dans l'Ordre du Saint Esprit, il y avait deux places qui avaient le privilège de la décoration, comme les Chevaliers de l'Ordre : elles n'exigeaient pas de preuves, et étaient destinées à ceux du Tiers État qui, par leur mérite ou autrement, parvenaient au ministère.

M. de Calonne qui avait beaucoup de gloriole, ne put résister à l'humiliation de rester dans sa terre où il était exilé, dépouillé d'une décoration à laquelle il attachait le bonheur de son existence. Il se détermina à fuir du royaume, pour se rendre en Angleterre, emportant dans son cœur la haine la plus irascible contre le Roi et la Reine ; et devint, par cette fuite, criminel d'état ; la Déclaration du mois de juillet 1705, enregistrée dans les Cours Souveraines, est, sur ce fait, extrêmement précise ; elle défend expressément à tous ceux qui sont relégués par le Roi en quelque lieu du royaume que ce soit, d'en sortir sans sa permission ; sous peine de confiscation de corps et de biens ; les déclare dès ce moment morts civilement, et, pour raison de leur désobéissance, ordonne à tous juges de leur faire et parfaire leur procès.

Si c'est un crime dans un particulier, cette émigration est bien plus grave dans un ministre.

Les folies de l'Archevêque de Toulouse entraînèrent nécessairement l'arrivée des États Généraux, et par suite, les troubles du royaume.

Le Comte d'Artois, par le conseil du Roi, fut obligé, ainsi que la maison de Condé, d'en sortir. Ils se réfugièrent à la cour de Turin, laissant le Duc d'Orléans à la tête de trois factions qui existaient bien réellement.

M. de Calonne crut que le moment de se venger était propice. Il écrivit au Prince de Condé, à l'effet de le prier d'engager M. le Comte d'Artois à le recevoir auprès de lui pour son conseil. Il avait rendu à ce Prince pendant son ministère beaucoup de services ; entre autres il avait fait acheter par le Roi, le Clermontois qui avait été concédé en pur don à son bisaïeul, par Louis XIV : ce domaine rapportait, en produit net, 100,000 écus de rente. M. de Calonne le fit acquérir par le Roi douze millions, plus, 600,000 de rente viagère. On conçoit bien que le Prince de Condé n'eut pas beaucoup de peine à obtenir du Comte d'Artois la permission que M. de Calonne demandait.

Il arriva à Turin vers la mi-novembre 1790. Son air évaporé, ses propos sur le Roi et la Reine n'étaient pas faits pour plaire à une cour aussi sage et aussi économe que celle de Sardaigne. Il y déplut, et on fit sentir honnêtement à M. le Prince de Condé qu'il ferait fort bien de choisir une résidence qui l'approchât davantage de la France. Il se détermina en conséquence à quitter Turin, et se rendit avec toute sa famille à Stutgard, en janvier 1791, où il resta jusqu'au moment où l'Electeur de Mayence lui donna la résidence de Vorms.

Le Comte d'Artois écrivit dans le même temps à Léopold, pour lui demander la permission de venir à Vienne avec M. de Calonne. L'Empereur répondit une lettre honnête ; mais un refus formel, en mandant à ce Prince que le moment n'était pas favorable. Cela n'empécha pas M. de Calonne de s'y rendre, le 25 janvier 91, à sept heures du soir ; à neuf, il reçut ordre d'en sortir le lendemain à portes ouvrantes.

Léopold faisait, de M. Calonne, encore bien moins de cas que le Roi de Sardaigne ; il disait et répétait souvent qu'il ne pouvait concevoir comment le Comte d'Artois avait pu mettre à la tête de son conseil, un homme que son frère, qui était son Roi, avait renvoyé des siens ; un homme inculpé par la première cour de justice du royaume des malversations les plus graves ; un homme dont le procès était commencé, et dont les suites auraient pu être des plus dangereuses pour sa vie, si le Roi, par bonté, n'avait évoqué l'affaire à son conseil. Il regardait la fuite de M. de Calonne, en Angleterre, comme un crime d'état. Il n'ignorait pas ses mauvaises intentions contre sa sœur, la Reine de France ; et il savait, à n'en pas douter, que les calomnies et diffamations contre elle, avaient pour auteurs les gens de la cour qu'elle avait le plus comblés d'honneurs et de richesses, et qui étaient ses partisans.

Léopold prenait certainement un très-grand intérêt à sa sœur. Il regardait sa vie en très-grand danger, et désirait bien véritablement sa sortie du royaume ; mais il ne croyait pas qu'il dût se mêler en aucune manière de la révolution. Il avait pour principe que nul souverain sur terre n'a le droit de s'opposer à une Constitution qu'une nation veut se donner, parce qu'elle en est la maîtresse absolue ; et il disait : « Si la Constitution est bonne, tant mieux pour elle ; si elle ne vaut rien, les voisins en profitent ».

M. de Calonne , humilié du peu de considération dont il jouissoit à la cour de Turin , proposa à M. le comte d'Artois de se rapprocher du prince de Condé , et lui fit voir cette démarche comme absolument nécessaire. Il détermina S. A. R. à se rendre à Coblentz , chez son oncle l'Electeur de Trèves. A peine y fut-il, qu'il déploya la qualité de premier ministre : il commença par écrire et faire écrire circulairement , dans les quatre parties de la France , à tous les gentils-hommes et à tous Français , de sortir incessamment du Royaume , pour venir joindre les princes qui étaient réunis à Coblentz. Il établit en même temps dans les villes principales du Brabant, du pays de Liège , et ailleurs , des bureaux de commissaires de noblesse , pour suivre une correspondance qui pût inoculer aux émigrés sa manière de voir et d'agir.

Il ordonnait en même-temps des rassemblemens armés , dans plusieurs de ces villes ; ce qui mortifiait infiniment les souverains dont ces lieux dépendaient , qui craignaient avec raison que ces dispositions ne leur attirassent la guerre de la part de la France.

Louis XVI sentit dès le premier moment, les dangereuses conséquences de toutes les intrigues et folies de Coblentz ; pour y mettre fin , il résolut de quitter sa capitale , dont il devait être d'ailleurs très-dégoûté , par les humiliations et déboires en tout genre , qu'il avait reçus. Il tenta de se rendre à Mont-Médi , dernière forteresse de son Royaume , à l'effet d'y mander M. le comte d'Artois. Le Roi fut arrêté , ce dont M. de Calonne ne dut pas être grandement fâché : puisque là devait finir son ministère , et qu'il aurait fort bien pu y être enfermé.

M. de Provence rejoignit le comte d'Artois, il trouva l'esprit de son frère si furieusement subjugué par M. de Calonne, et tellement aliéné contre le Roi et la Reine, qu'il n'osa pas le contredire. Il faut cependant lui rendre justice ; trois mois ne s'étaient pas écoulés, qu'il sut apprécier M. de Calonne à sa juste valeur ; mais il ne put empêcher que le Conseil de M. le comte d'Artois ne décidât, que tous les grades et décorations militaires concédés par le roi, dès le mois de juillet, 1789, ne fussent déclarés nuls, avec défense à qui que ce fût de paraître chez les Princes avec ces décorations. Ainsi donc, si un Chevalier de St.-Louis voulait garder sa croix , il fallait qu'il l'a mît dans sa poche , et un officier général était forcé de quitter son uniforme pour prendre celui de colonel.

Il serait difficile de citer un outrage plus marqué fait à son souverain.

M. de Calonne faisait entendre que le Roi n'avait plus aucune autorité, qu'elle résidait entièrement dans la personne des Princes. En conséquence, il fit recréer des corps supprimés par le Roi depuis 15 ans , et il n'eut pas dehonte d'exiger des Gentils-hommes, qui quittaient leurs propriétés, de l'argent pour ces nouveaux brevets. Il fit plus ; il fabriqua de faux assignats avec lesquels il paya les fournisseurs des Princes.

Il réitéra l'ordre, par de nouvelles circulaires dans le Royaume, à tout Français , de venir joindre les Princes, sous peine de déshonneur. Il faisait en même temps attacher des quenouilles aux portes des châteaux des Gentils-hommes qui préféraient de rester.

L'émigration vint à un point si effrayant, que le Roi,

de concert avec l'Assemblée Nationale , se crut obligé de suspendre l'effet de la Déclaration des droits de l'homme, et d'ordonner à tous les Français sortis du Royaume d'y rentrer, sous peine de désobéissance , et d'être réputés émigrés. Il excepta, comme de raison, ceux sortis avec sa permission.

M. de Calonne avait fait entendre à tous ces individus , pour les exciter d'avantage à émigrer, que leur absence serait tout au plus de 3 ou 4 mois, et que, par conséquent, il était inutile qu'ils prissent des précautions d'argent pour un plus long terme.

Si M. de Calonne eût été moins inconsidéré , il aurait, au contraire , engagé tous ces sortans à emporter avec eux le plus de moyens possibles ; dans ce cas, la Révolution ne durait pas 6 mois ; le numéraire du Royaume étant entièrement éclipsé , les assignats en 91 , se seraient trouvés à zéro, comme ils y sont tombés en 97.

On jugera de la force de cette vérité , quand on saura que M. d'Aligre, seul, a fait sortir 3,600,000 liv. C'étaient les gens les plus riches qui quittaient la France.

Supposons que , sur 180 mille individus émigrés, il y en eût 80 mille qui n'aient pas fait sortir un sol , certainement 100 mille, l'un dans l'autre , pouvaient bien faire sortir chacun 1000 louis, ou en argent, ou par la voie des lettres-de-change : le numéraire était donc épuisé.

. Voilà le danger où M. de Calonne pouvait exposer sa patrie ; mais il lui en faisait courir un autre bien plus grand, en donnant à ses ennemis des armes d'autant plus dangereuses , que ceux qui les portaient devaient

être

être aigris contre un pays qui exerçait envers eux tant de violences.

Le Cabinet de Berlin était, de tous, celui qui avait l'air d'épouser la querelle de Louis XVI avec le plus de chaleur et de céder aux instigations de M. de Calonne, qui aurait dû réfléchir que le Roi de Prusse était parent et allié de l'Angleterre. Léopold avait, pour cette raison, la plus grande répugnance à la guerre ; il regardait la coalition des Prussiens avec les Autrichiens, comme une chose monstrueuse. Si on fait attention au Traité de Pilnitz, on verra que l'Empereur l'a signé malgré lui, et que par la clause, *alors, et en cas que etc.* il se réservait une porte de derrière. Bien des gens même sont encore persuadés qu'il aurait évité la guerre, s'il n'était pas mort subitement aussitôt après un purgatif.

Il se peut faire que les émigrés, qui ont porté les armes, ne les aient prises que parce que les conseils des Princes leur répétaient sans cesse que c'était l'intention de Louis XVI. Cependant leurs yeux auraient dû être dessillés, quand ils ont vu la retraite du Roi de Prusse de la Champagne. Trop de personnes étaient instruites qu'elle lui avait été dictée par l'Angleterre. La manière cruelle dont ensuite ils ont été chassés de la Westphalie ne leur devait laisser aucun doute sur les vues du Cabinet de Berlin : ils auraient dû être encore bien plus détrompés quand ils ont vu François II s'emparer des places de Valenciennes, de Condé, et autres, en son nom, et y arborer ses drapeaux. L'Empereur ne faisait donc pas la guerre à la Révolution, mais à la France qui la lui avait déclarée. On ne peut l'accuser à ce sujet de la moindre apparence de fausseté. Mais enfin, si par l'adresse des Conseils des Princes, ils avaient pû conserver encore le moindre doute ; quand ils ont vu en 1796, Monsieur de Provence renvoyé honteusement du corps de Condé, auquel il s'était rendu , il est vrai sans la permission de l'Empereur , en est-il un, même le Prince de Condé, qui n'eût dû casser son sabre, et en envoyer les morceaux à l'Empereur et au Roi d'Angleterre ? Les agens de Coblentz avaient si cruellement mystifiés ces malheureux émigrés, que la plupart croyaient et de bonne foi , que toutes les puissances de la terre devaient employer l'argent et le sang de leurs sujets à mettre fin aux discussions qui déchiraient la France ; comme si une pareille folie avait pu entrer dans le cerveau d'un Souverain quelconque ; ses ministres, dans la crainte de trahir leur devoir et leur patrie , ne se seraient pas jettés à ses pieds et n'auraient pas remis leur démission, plutôt que de donner leur adhésion à une entreprise aussi impolitique.

Le plus grand crime est de porter les armes contre son pays ; aussi l'Arrêté des Consuls, de vendémiaire an 9, fait-il une grande différence entre les émigrés qui ont porté les armes , et ceux qui sont sortis pour sauver leurs jours, les femmes en puissance de maris, et les enfans en bas âge. Il a été trouvé très-sage, et on ne devrait jamais s'écarter de ses dispositions.